Impressum
Verlag: BABADADA GmbH, Nedderfeld 112 , 22529 Hamburg
Geschäftsführer / Verlagsleitung: Harald Hof
Druck: Books on Demand GmbH, In de Tarpen 42, 22848 Norderstedt

Imprint
Publisher: BABADADA GmbH, Nedderfeld 112 , 22529 Hamburg, Germany
Managing Director / Publishing direction: Harald Hof
Print: Books on Demand GmbH, In de Tarpen 42, 22848 Norderstedt, Germany

škola
School

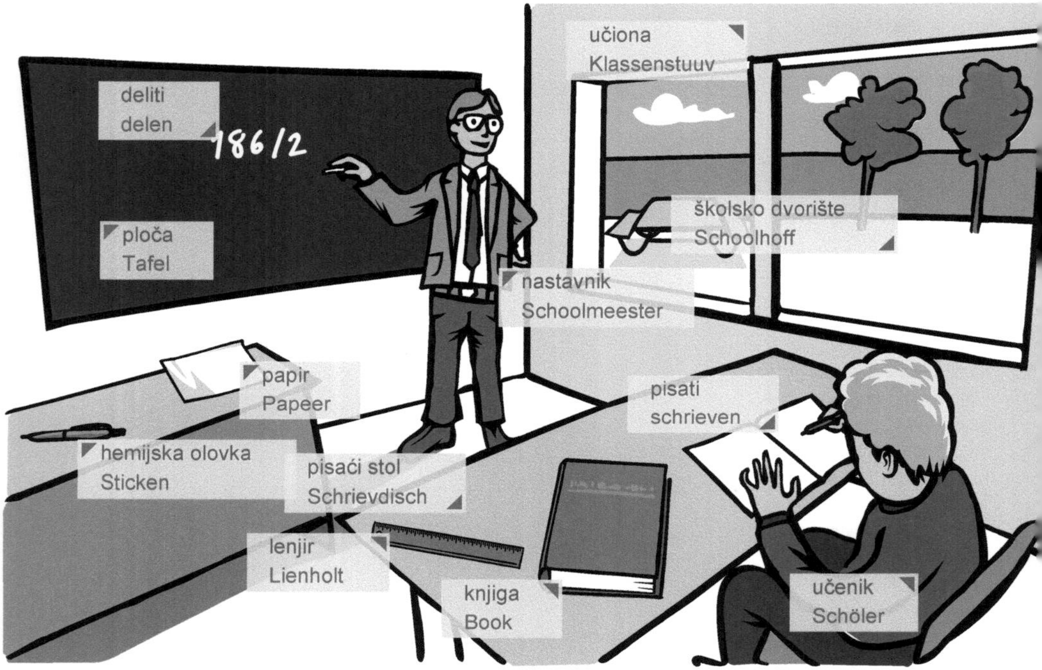

učiona
Klassenstuuv
deliti
delen
186/2
ploča
Tafel
školsko dvorište
Schoolhoff
nastavnik
Schoolmeester
papir
Papeer
pisati
schrieven
hemijska olovka
Sticken
pisaći stol
Schrievdisch
lenjir
Lienholt
knjiga
Book
učenik
Schöler

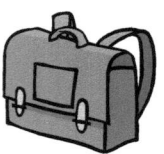

torba
....
Ranzel

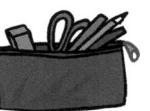

pernica
....
Feddermapp

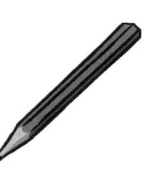

grafitna olovka
....
Bleesticken

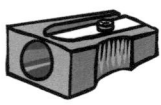

šiljilo za olovke
....
Scharpmaker

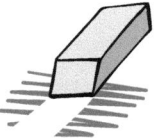

gumica za brisanje
....
Radeergummi

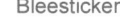

blok za crtanje
....
Tekenblock

crtež
Teken

kist
Pinsel

kutija sa bojama
Malkassen

makaze
Scheer

lepilo
Klever

beležnica
Heft to'n Öven

domaći zadatak
Huusopgaav

broj
Tall

2+2

sabirati
tohooptellen

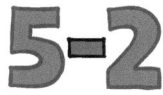

oduzimati
aftrecken

množiti
malnehmen

računati
reken

slovo
Bookstaav

ABCDEFG
HIJKLMN
OPQRSTU
VWXYZ

abeceda
ABC

reč
Woort

tekst

Text

čitati

lesen

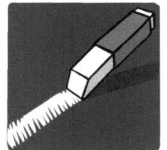

kreda

Kried

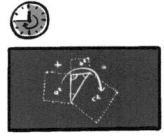

čas

Stunn

dnevnik

Klassenbook

ispit

Pröven

svedočanstvo

Tüügnis

školska uniforma

Schooluniform

obrazovanje

Utbillen

leksikon

Nakieksel

univerzitet

Universität

mikroskop

Mikroskop

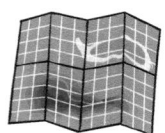

karta

Koort

košara za papir

Papeerkorf

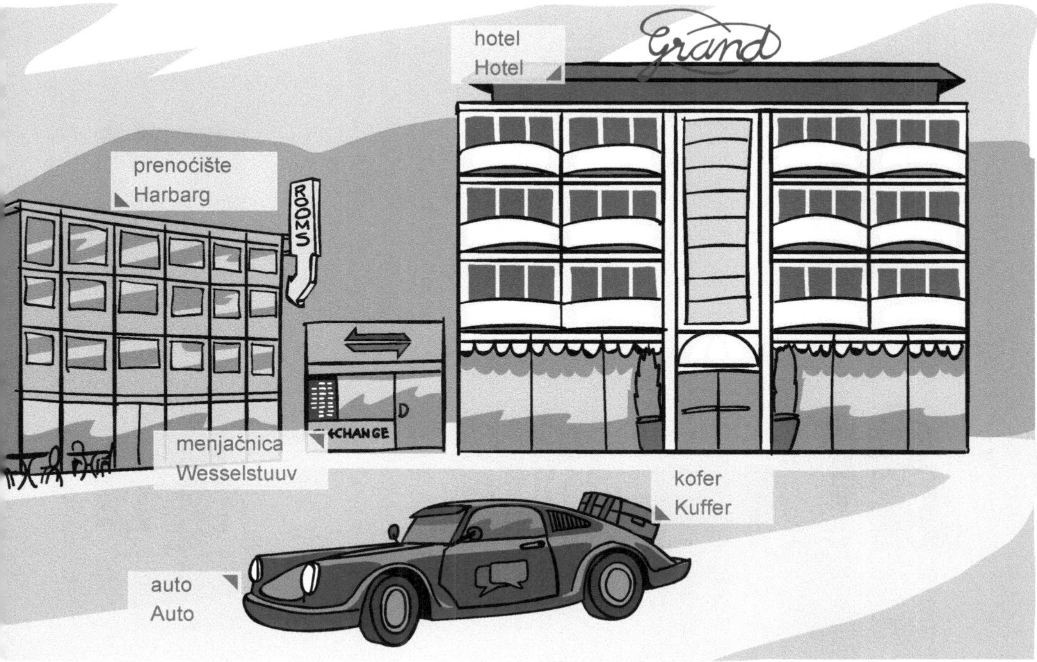
hotel
Hotel
Grand
prenoćište
Harbarg
ROOMS
menjačnica
Wesselstuuv
kofer
Kuffer
auto
Auto

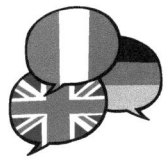

jezik

Spraak

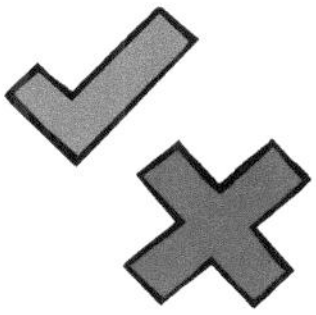

da / ne

jo / ne

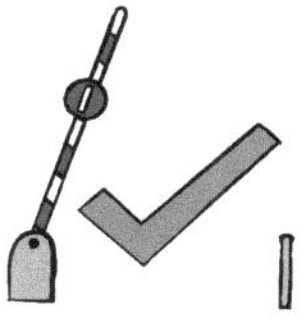

okej

Jo

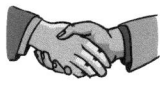

zdravo

Moin

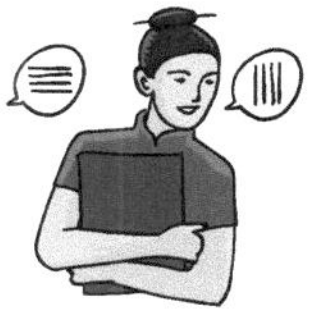

prevodilac

Översetter

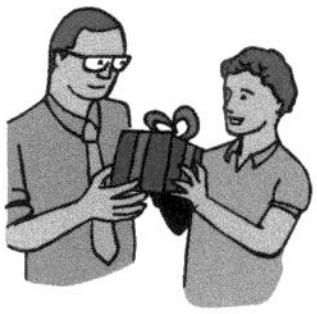

hvala

Dank ok

Koliko košta...?

Wat kost...?

ne razumem

Ik verstah nich

problem

Problem

dobro veče!

Goden Avend

Dobro jutro!

Moin!

Laku noć!

Gode Nacht!

doviđenja

Tschüüs

smer

Richt

prtljaga

Bagaasch

torba

Tasch

ruksak

Rüchsack

gost

Gast

soba

Stuuv

vreća za spavanje

Slaapsack

šator

Telt

turističke informacije
Touristeninformatschoon

plaža
Strand

kreditna kartica
Kreditkoort

doručak
Fröhstück

ručak
Meddageten

večera
Avendeten

karta za vožnju
Fohrkort

lift
Fohrstohl

poštanska markica
Breefmark

granica
Grenz

carina
Toll

ambasada
Bottschop

viza
Visum

pasoš
Pass

transport
Transport

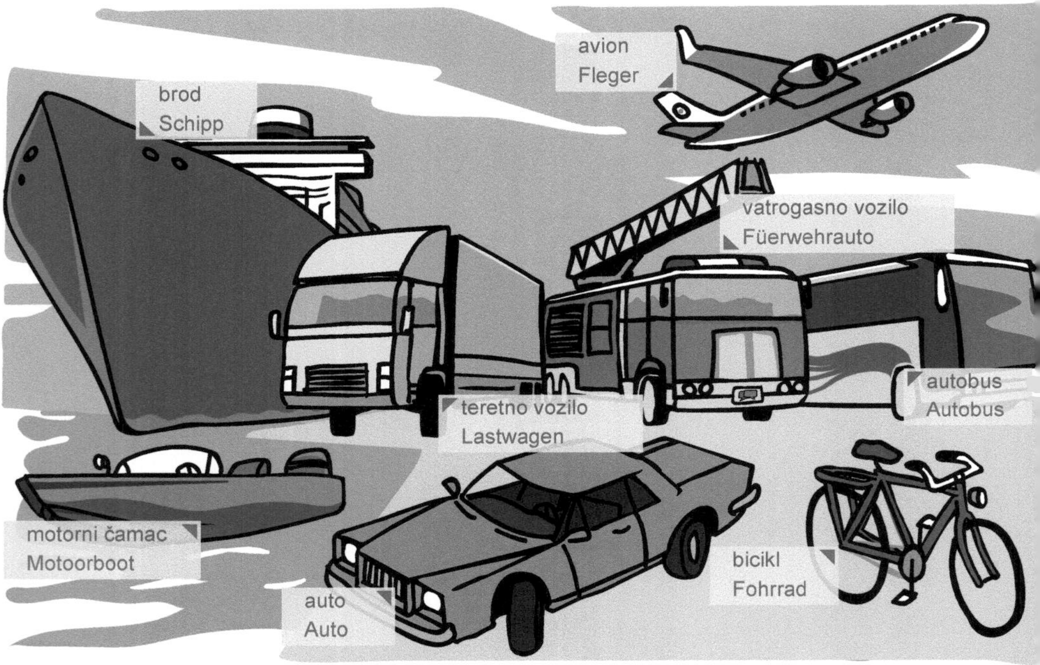
avion
Fleger
brod
Schipp
vatrogasno vozilo
Füerwehrauto
autobus
Autobus
teretno vozilo
Lastwagen
motorni čamac
Motoorboot
bicikl
Fohrrad
auto
Auto

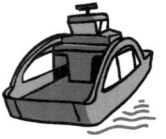

trajekt

Fähr

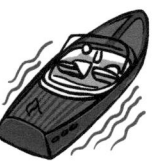

čamac

Boot

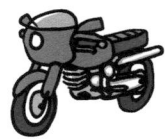

motocikl

Motoorrad

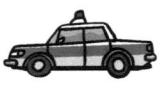

policijski auto

Polizeiauto

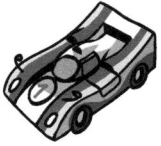

trkaći auto

Rönnauto

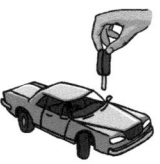

iznajmljeno auto

Lehnwagen

delenje automobila

Carsharing

vučno vozilo

Afsleepwagen

vozilo za odvoz smeća

Müllauto

motor

Motoor

benzin

Kraftstoff

benzinska stanica

Tanksteed

saobraćajni znak

Verkehrsschild

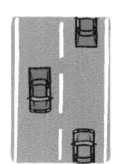

saobraćaj

Verkehr

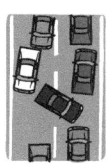

zastoj

Stau

parkiralište

Afstellplatz

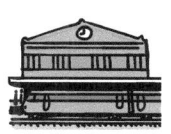

železnička stanica

Bahnhoff

šine

Sporen

voz

Tog

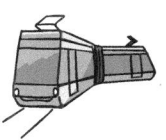

tramvaj

Stratenbahn

vagon

Wagon

helikopter

Dwarsmöhl

aerodrom

Flooghaven

kula

Tower

putnik

Fohrgast

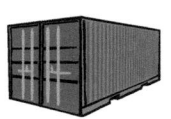

kontejner

Grootkist

karton

Karton

kolica

Koor

korpa

Korf

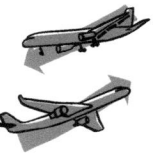

uzleteti / sleteti

starten / lannen

grad
Stadt

selo

Dörp

centar grada

Binnenstadt

kuća

Huus

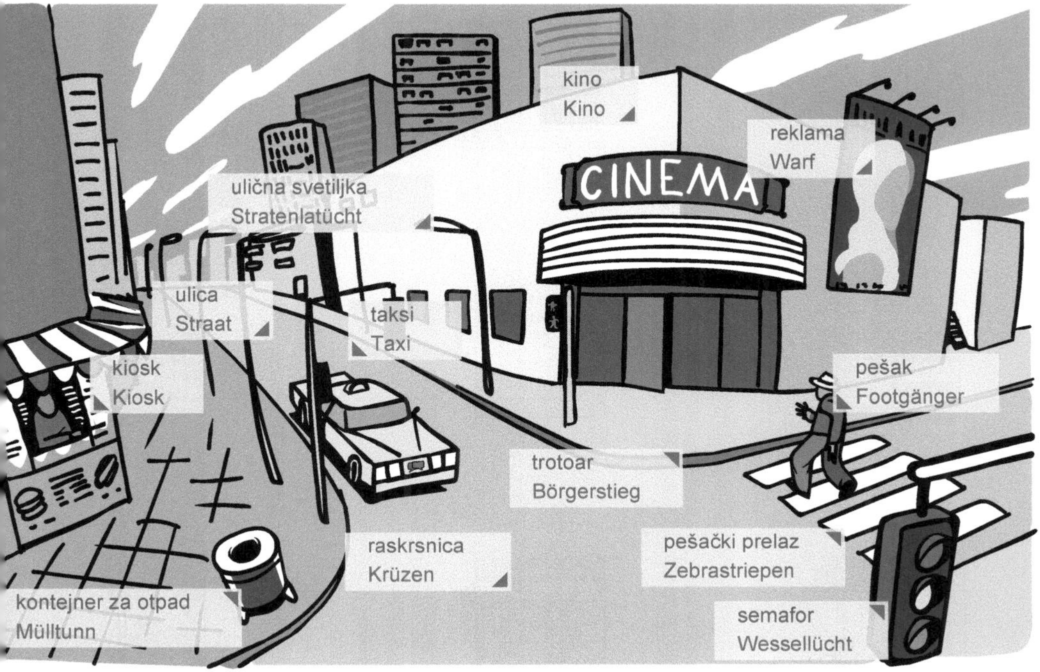

kino
Kino

reklama
Warf

ulična svetiljka
Stratenlatücht

CINEMA

ulica
Straat

taksi
Taxi

pešak
Footgänger

kiosk
Kiosk

trotoar
Börgerstieg

raskrsnica
Krüzen

pešački prelaz
Zebrastriepen

kontejner za otpad
Mülltunn

semafor
Wessellücht

koliba
....
Hütt

stan
....
Wahnung

željeznička stanica
....
Bahnhoff

većnica
....
Raathuus

muzej
....
Museum

škola
....
School

univerzitet

Universität

banka

Bank

bolnica

Krankenhuus

hotel

Hotel

apoteka

Afteek

kancelarija

Büro

knjižara

Bookhökerie

prodavnica

Hökerie

cvećara

Blomenhökerie

supermarket

Supermarkt

trg

Markt

robna kuća

Koophuus

ribarnica

Fischhökerie

trgovački centar

Inkoopszentrum

luka

Haven

park
Parkanlaag

klupa
Bank

most
Brüch

stepenice
Trepp

podzemna železnica
Ünnergrundbahn

tunel
Tunnel

autobuska stanica
Busstoppsteed

bar
Bar

restoran
Spieslokal

poštansko sanduče
Breefkassen

ulični znak
Stratenschild

parkirni automat
Parkklock

zoološki vrt
Deertenpark

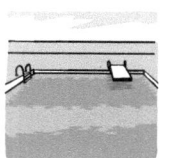

bazen
Baadanstalt

džamija
Moschee

seosko gazdinstvo
....
Buernhoff

zagađenje okoline
....
Ümweltversmudden

groblje
....
Karkhoff

crkva
....
Kark

igralište
....
Speelplatz

hram
....
Tempel

pejsaž
Landschop

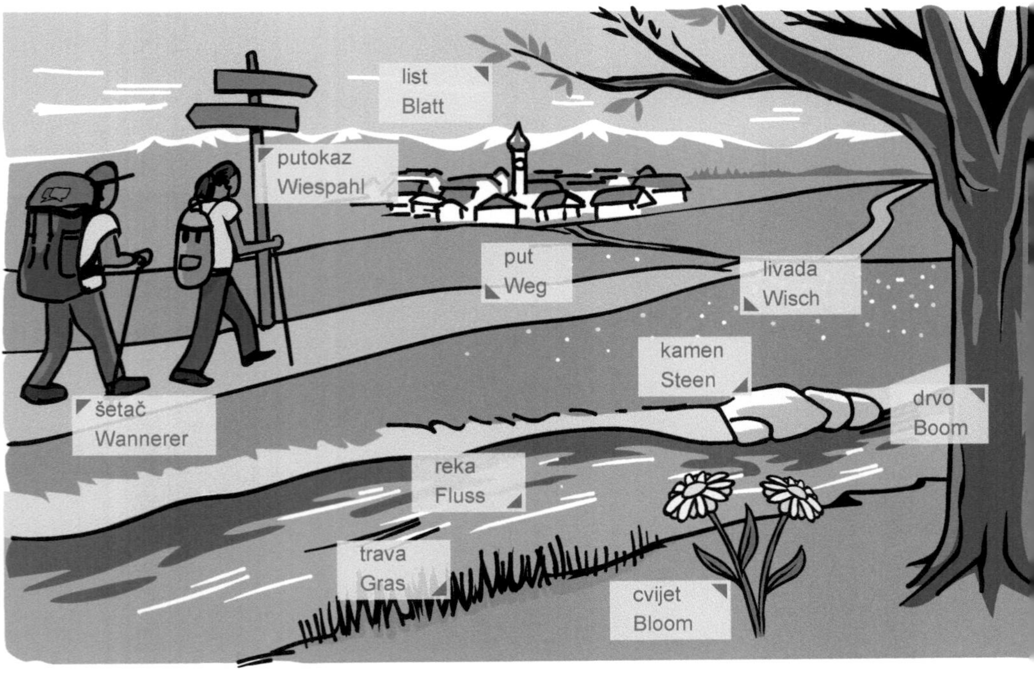

list
Blatt

putokaz
Wiespahl

put
Weg

livada
Wisch

kamen
Steen

drvo
Boom

šetač
Wannerer

reka
Fluss

trava
Gras

cvijet
Bloom

dolina	planina	jezero
Daal	Barg	See
	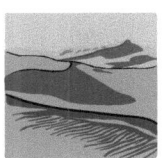	
šuma	pustinja	vulkan
Holt	Wööst	Füerspien Barg

dvorac	duga	gljiva
Slott	Regenbagen	Poggenstohl

palma	moskito	muva
Palm	Steekmück	Fleeg

mrav	pčela	pauk
Miegeemk	Imm	Spinn

buba
Sebber

žaba
Pogg

veverica
Katteker

jež
Swienegel

zec
Haas

sova
Uul

ptica
Vagel

labud
Swaan

divlja svinja
Wildswien

jelen
Hirsch

los
Elk

nasip
Staudamm

vetrenjača
Windrad

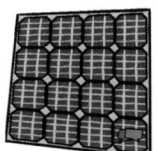

solarna ploča
Solarmodul

klima
Klima

restoran
Spieslokal

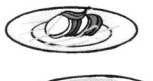

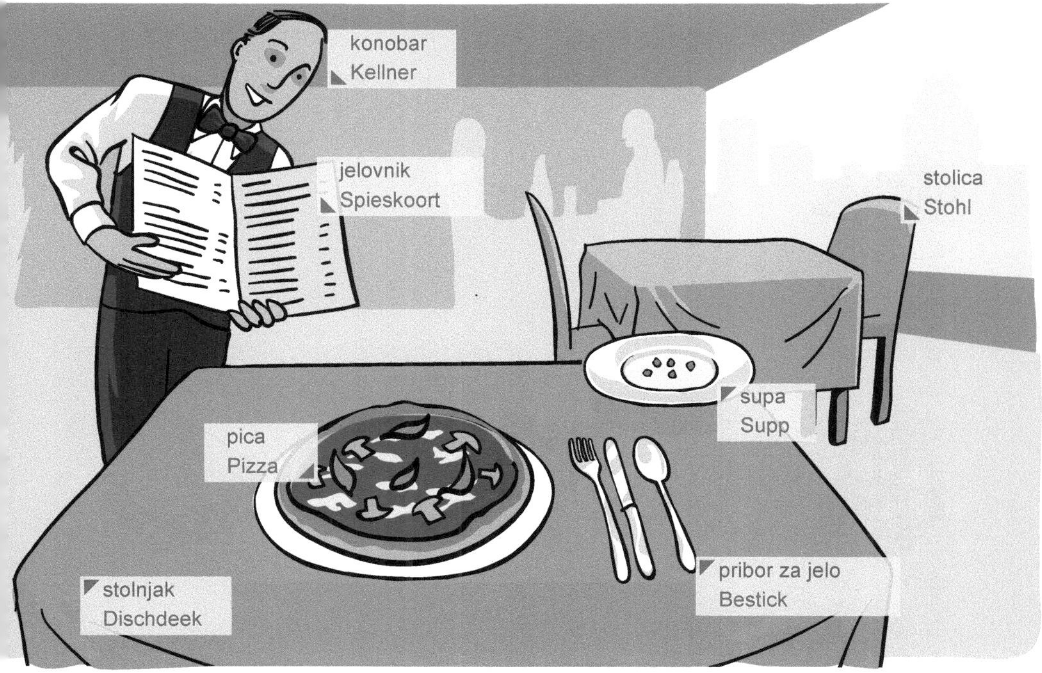

konobar
Kellner
jelovnik
Spieskoort
stolica
Stohl
supa
Supp
pica
Pizza
pribor za jelo
Bestick
stolnjak
Dischdeek

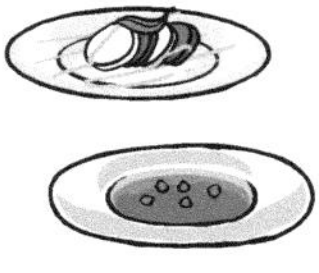

predjelo

Vörspies

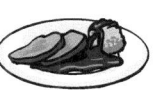

glavno jelo

Haupteten

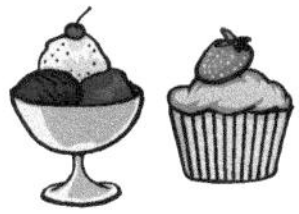

desert

Nadisch

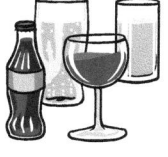

napitci

Drünk

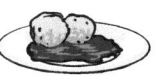

jelo

Eten

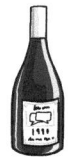

flaša

Buddel

brza hrana

Fastfood

imbis hrana

Strateneten

čajnik

Teekann

doza za šećer

Zuckerdoos

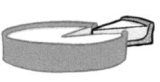

porcija

Portschoon

aparat za espresso

Espressomaschien

visoka stolica

Hoochstohl

račun

Reken

poslužavnik

Tablett

nož

Mess

viljuška

Gavel

kašika

Lepel

čajna kašika

Teelepel

salveta

Munddook

čaša

Glas

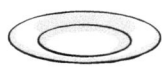

tanjir

Töller

tanjir za supu

Suppentöller

tanjirić

Ünnertass

sos

Sooß

soljenka

Soltstreuer

mlin za biber

Pepermöhl

sirće

Etig

ulje

Ööl

začini

Krüder

kečap

Ketchup

senf

Mostrich

majoneza

Mayonnaise

supermarket
Supermarkt

ponuda
Anbott
FOR
kupac
Kunn
mlečni proizvodi
Melkprodukten
voće
Aaft
kolica za kupovinu
Inkoopswagen

BUTCHERS

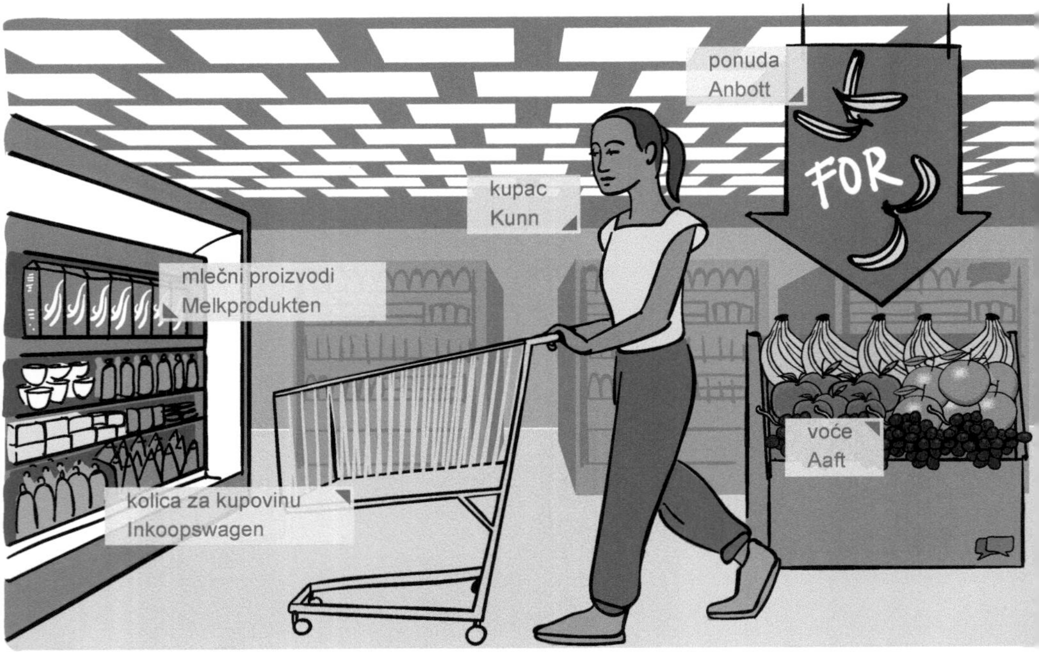

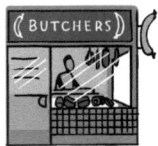

mesnica

Slachterie

BAKERY

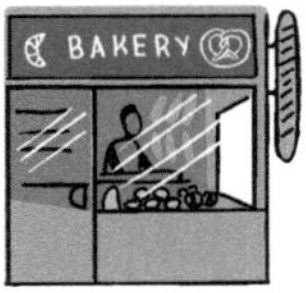

pekara

Bäckerie

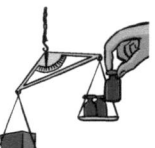

vagati

wegen

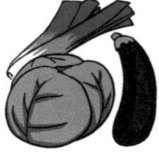

povrće

Gröönsaken

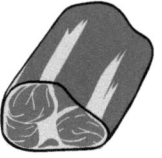

meso

Fleesch

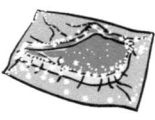

smrznuta hrana

Deepköhlkost

narezak
Opsnitt

konzerve
Konserven

sredstvo za pranje
Waschmiddel

slatkiši
Snoopkraam

artikli za domaćinstvo
Huushooltssaken

sredstva za čišćenje
Reinmaaktüüch

prodavačica
Verköpersche

blagajna
Kass

blagajnik
Kasserer

lista za kupovinu
Inkoopslist

vreme rada
Opsparrtieden

novčanik
Breeftasch

kreditna kartica
Kreditkoort

torba
Tasch

plastična kesa
Plastiktüüt

napitci
Drünk

voda
Water

sok
Saft

mleko
Melk

kola
Cola

vino
Wien

pivo
Beer

alkohol
Spriet

kakao
Kakao

čaj
Tee

kava
Koffie

espresso
Espresso

cappuccino
Cappucino

banana

Banaan

jabuka

Appel

narandža

Appelsien

lubenica

Meloon

limun

Zitroon

šargarepa

Wöttel

beli luk

Knuuvlook

bambus

Bambus

luk

Zibbel

gljiva

Poggenstohl

orašasti plodovi

Nööt

rezanci

Nudeln

špagete

Spaghetti

riža

Ries

salata

Salat

pomfrit

Pommes frites

pečeni krumpir

Braadkantüffeln

pica

Pizza

hamburger

Hamborger

sendvič

Sandwich

šnicla

Snitzel

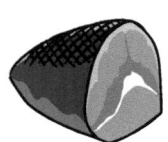

šunka

Schinken

salama

Salami

kobasica

Wust

kokoš

Hohn

pečenje

Braden

riba

Fisch

zobene pahuljice

Haverflocken

musli

Müsli

kukuruzne pahuljice

Cornflakes

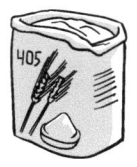

brašno

Mehl

kroasan

Croissant

pecivo

Rundstück

hleb

Broot

toast

Toast

keksi

Keksen

maslac

Botter

sveži sir

Quark

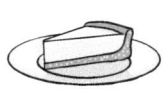

kolač

Koken

jaje

Ei

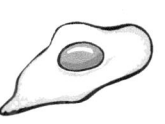

jaje na oko

Spegelei

sir

Kees

jelo - Eten

sladoled
les

šećer
Zucker

med
Honnig

marmelada
Marmelaad

nugat krema
Nougat-Creme

kari
Curry

jelo - Eten

seosko gazdinstvo
Buernhoff

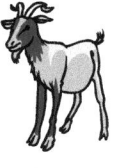

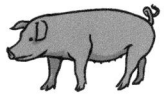

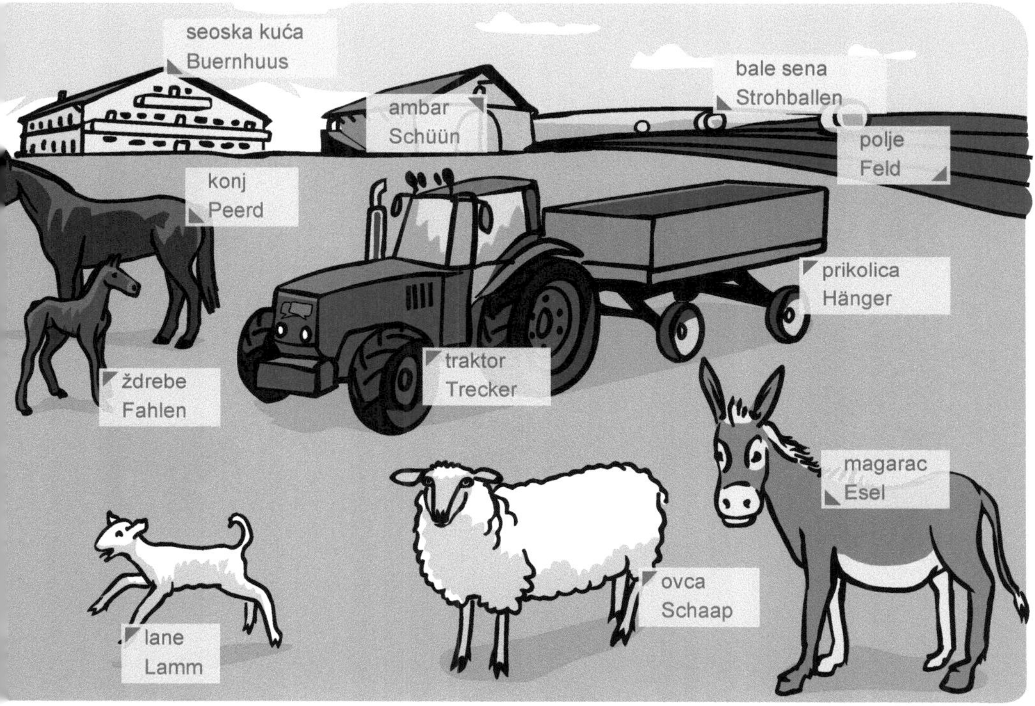
seoska kuća
Buernhuus
ambar
Schüün
bale sena
Strohballen
polje
Feld
konj
Peerd
prikolica
Hänger
traktor
Trecker
ždrebe
Fahlen
magarac
Esel
ovca
Schaap
lane
Lamm

koza

Zeeg

krava

Koh

tele

Kalf

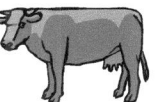

svinja

Swien

prase

Farken

bik

Bull

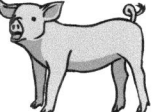

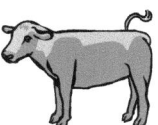

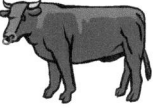

guska

Goos

patka

Aant

pilići

Küken

kokoš

Hohn

petao

Hahn

pacov

Rott

mačka

Katt

miš

Muus

vol

Oss

pas

Hund

kućica za psa

Hunnenhütt

vrtno crevo

Goornslauch

kanta za polivanje

Geetkann

kosa

Lee

plug

Ploog

srp
Sich

motika
Hack

viljuška za đubrivo
Mestfork

sekira
Ext

tačke
Schuufkoor

korito
Trog

posuda za mleko
Melkkann

vreća
Sack

ograda
Tuun

štala
Stall

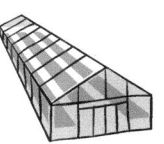

staklenik
Drievhuus

zemlja
Bodden

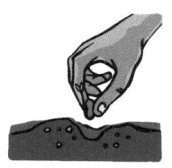

seme
Saat

đubrivo
Dünger

kombajn
Meihdöscher

žeti
....
oornen

žetva
....
Oorn

jams začin
....
Yamswöttel

pšenica
....
Weten

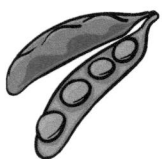

soja
....
Soja

krumpir
....
Kantüffel

kukuruz
....
Törksche Weten

uljana repica
....
Rapp

voćka
....
Aaftboom

gomolj manioke
....
Troopsch Kantüffel

žitarice
....
Koorn

kuća
Huus

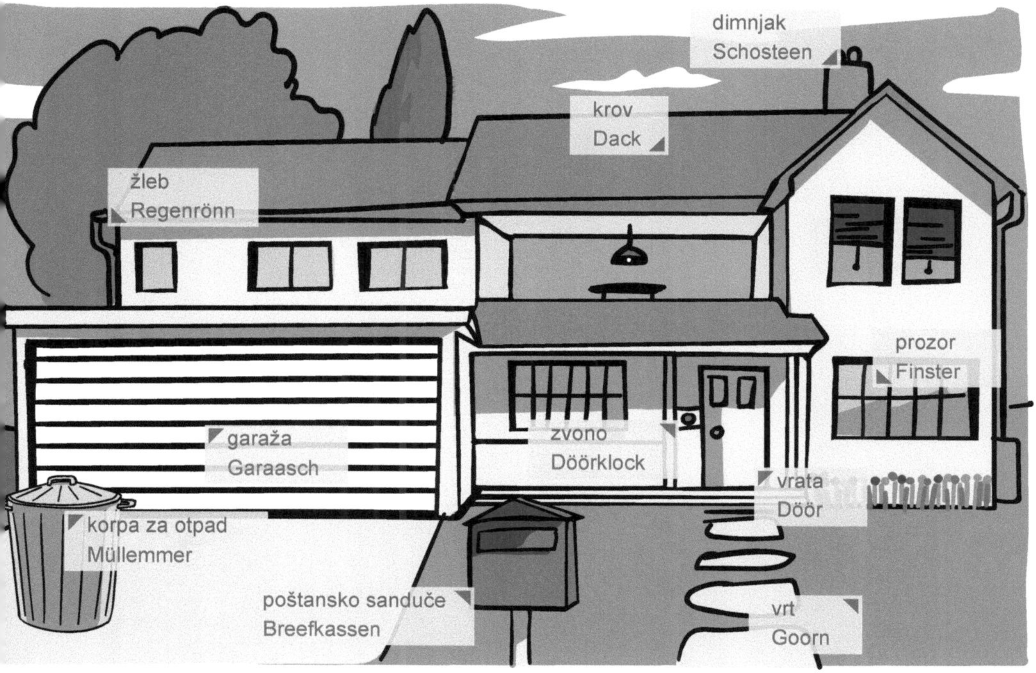
dimnjak
Schosteen
krov
Dack
žleb
Regenrönn
prozor
Finster
garaža
Garaasch
zvono
Döörklock
vrata
Döör
korpa za otpad
Müllemmer
poštansko sandučе
Breefkassen
vrt
Goorn

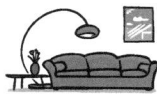

dnevna soba

Wahnstuuv

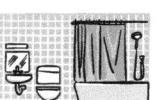

kupaonica

Baadstuuv

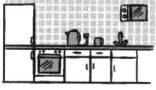

kuhinja

Köök

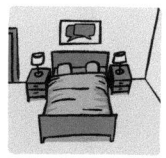

spavaća soba

Slaapstuuv

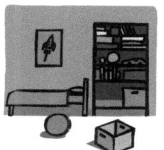

dečija soba

Kinnerstuuv

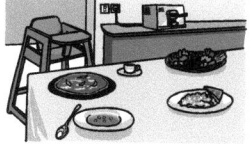

trpezarija

Eetstuuv

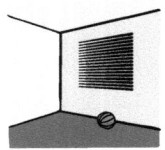

pod
Footbodden

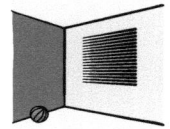

zid
Wand

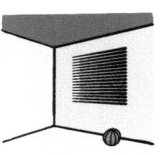

strop
Deek

podrum
Keller

sauna
Hittluftbad

balkon
Balkon

terasa
Terrass

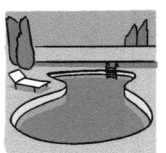

bazen
Swümmbad

kosilica za travu
Rasenmeiher

posteljina za krevet
Bettbetog

deka za krevet
Bettdeek

krevet
Puuch

metla
Bessen

kanta
Emmer

prekidač
Schalter

dnevna soba
Wahnstuuv

tapeta
Tapeet
slika
Bild
svetiljka
Lamp
regal
Regal
ormar
Schapp
televizija
Kiekkassen
kamin
Kamin
cvijet
Bloom
jastuk
Küssen
kauč
Sofa
vaza
Vaas
daljinski upravljač
Feernbedenen

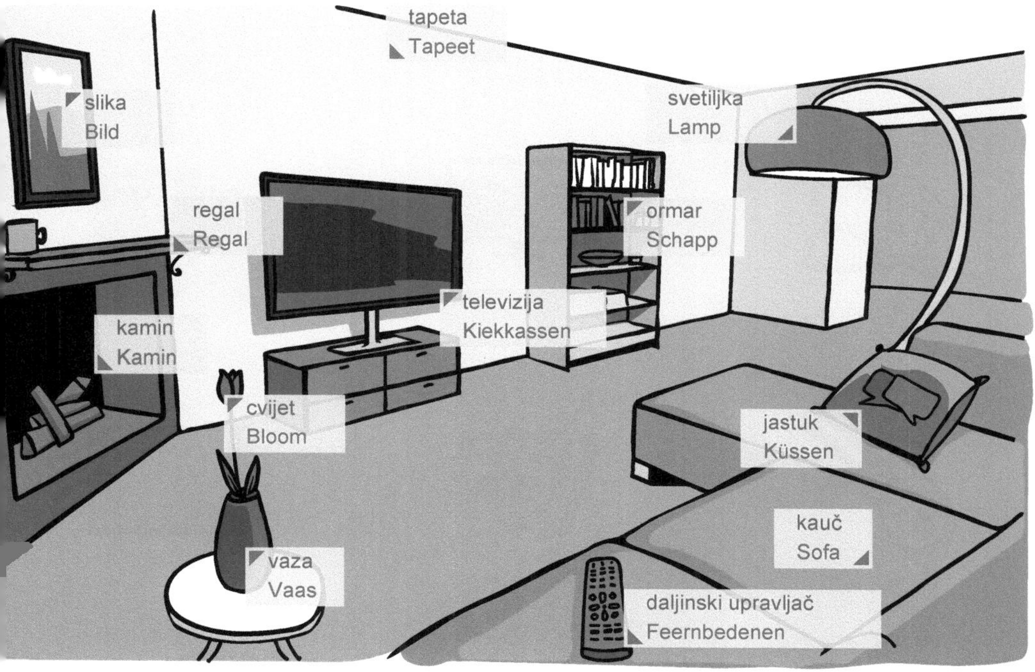

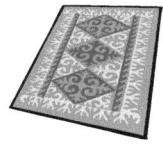

tepih
Teppich

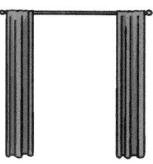

zavesa
Vörhang

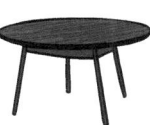

sto
Disch

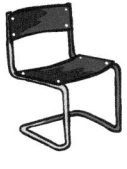

stolica
Stohl

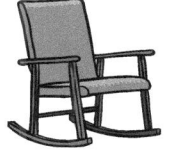

stolica za njihanje
Schuckelstohl

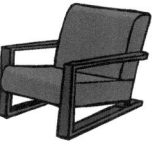

fotelja
Sessel

knjiga

Book

deka

Deek

dekoracija

Dekoratschoon

drvo za ogrev

Füerholt

film

Film

hi-fi uređaj

Stereoanlaag

ključ

Slötel

novine

Narichtenblatt

slika na platnu

Gemälde

poster

Poster

radio

Radio

blok za pisanje

Opschrievblock

usisivač

Huulbessen

kaktus

Kaktus

sveća

Kars

kuhinja
Köök

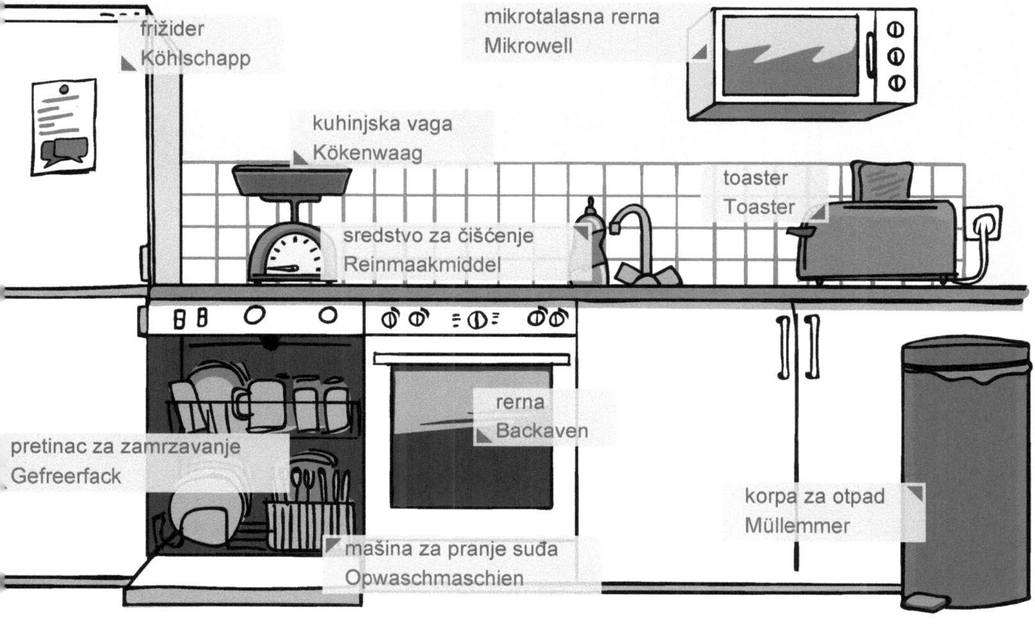
frižider
Köhlschapp
mikrotalasna rerna
Mikrowell
kuhinjska vaga
Kökenwaag
toaster
Toaster
sredstvo za čišćenje
Reinmaakmiddel
rerna
Backaven
pretinac za zamrzavanje
Gefreerfack
korpa za otpad
Müllemmer
mašina za pranje suđa
Opwaschmaschien

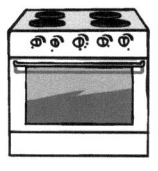

šporet
Heerd

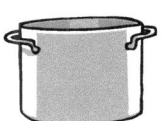

lonac
Pott

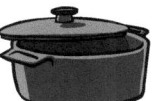

gvozdeni lonac
Gussiesern Putt

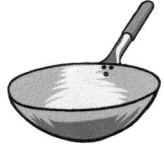

wok / kadai
Wok / Kadai

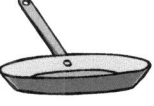

tava
Pann

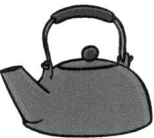

kuvalo za vodu
Waterkaker

kuvalo na paru

Dampkaakputt

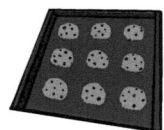

lim za pečenje

Backblick

posuđe

Geschirr

čaša

Beker

posuda

Schaal

štapići za jelo

Eetsticken

kutlača

Suppenkell

lopatica

Pannenwenner

penjača

Sneebessen

sito za kuvanje

Kaakseef

sito

Seef

ribež

Riev

mužar

Mörser

roštilj

Grill

ognjište

Füerstell

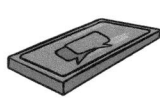

daska
Sniedbrett

oklagija
Nudelholt

vadičep
Proppentrecker

konzerva
Doos

otvarač konzervi
Dosenaapner

krpa za lonac
Pottlappen

sudoper
Waschbecken

četka
Böst

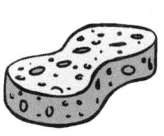

sunđer
Swamm

mikser
Mixer

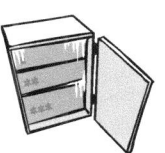

zamrzivač
lesschapp

flašica za bebe
Nuckelbuddel

slavina za vodu
Waterhahn

kupaonica
Baadstuuv

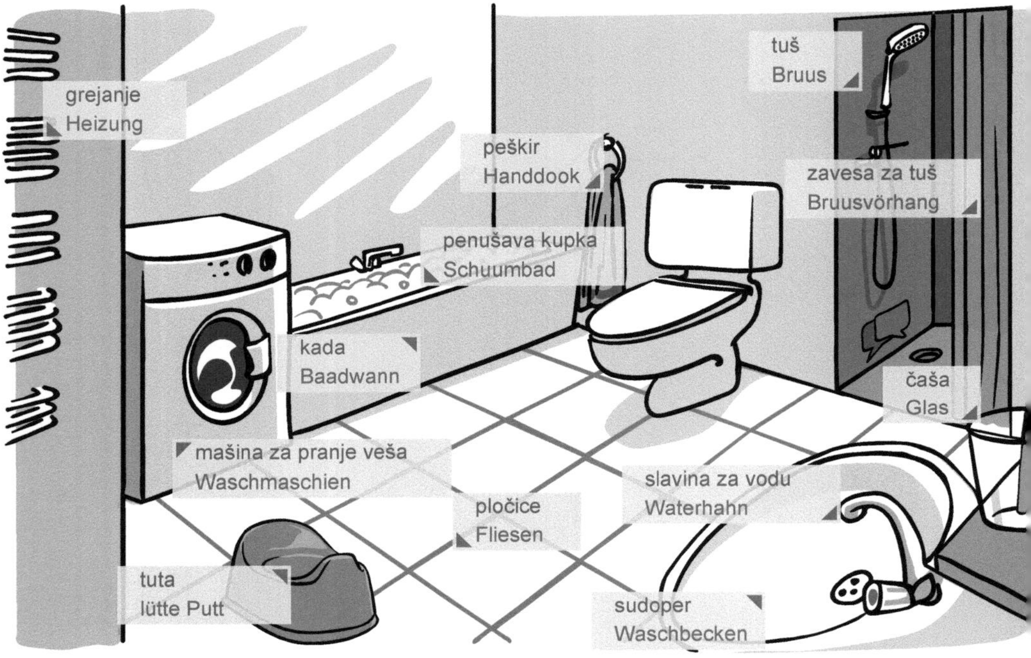
tuš
Bruus
grejanje
Heizung
peškir
Handdook
zavesa za tuš
Bruusvörhang
penušava kupka
Schuumbad
kada
Baadwann
čaša
Glas
mašina za pranje veša
Waschmaschien
slavina za vodu
Waterhahn
pločice
Fliesen
tuta
lütte Putt
sudoper
Waschbecken

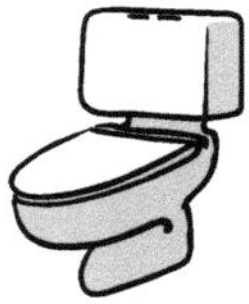

toalet

Tante Meier

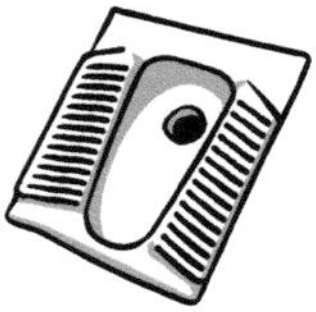

čučavac

Hockklo

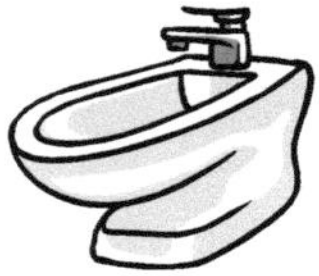

bidet

Bidet

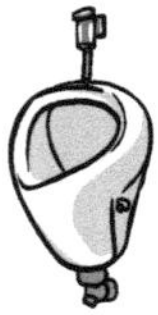

pisoar

Miegbecken

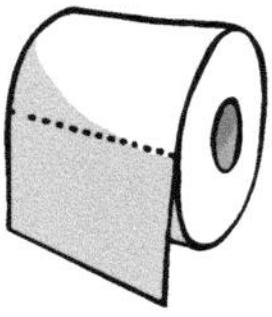

toaletni papir

Klopapeer

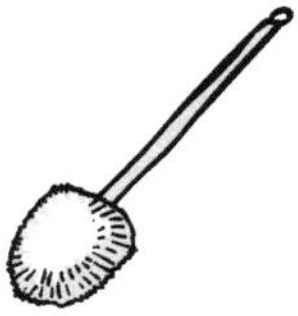

četka za toalet

Kloböst

četkica za zube

Tähnböst

pasta za zube

Tähnpast

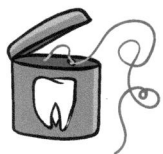

konac za zube

Tähnsied

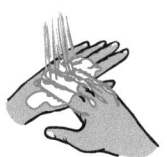

prati

waschen

tuš ručica

Handbruus

tuš za pranje intimnih delova

Intimbruus

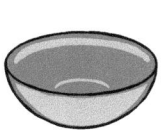

lavor

Waschschöttel

četka za pranje leđa

Rüchböst

sapun

Seep

gel za tuširanje

Bruusgeel

šampon

Hoorwaschmiddel

krpa za pranje

Waschlappen

odvod

Afloop

krema

Creme

dezodorans

Deodorant

ogledalo

Spegel

kozmetičko ogledalo

Kosmetikspegel

brijač

Raserer

pena za brijanje

Raseerschuum

losion za posle brijanja

Raseerwater

češalj

Kamm

četka

Böst

fen za kosu

Hoordröger

sprej za kosu

Hoorspray

makeup

Smink

ruž za usne

Lippensticken

lak za nokte

Nagellack

vata

Watt

makaze za nokte

Nagelscheer

parfem

Rüükwater

kozmetička torbica

Kulturbüdel

stolica

Schemel

vaga

Waag

ogrtač

Baadmantel

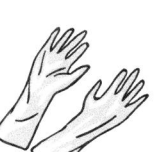

rukavice za čišćenje

Gummihanschen

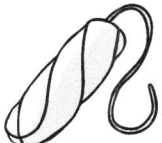

tampon

Tampon

uložak

Damenbinn

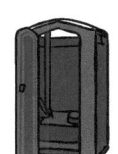

hemijski toalet

Chemieklo

dečija soba

Kinnerstuuv

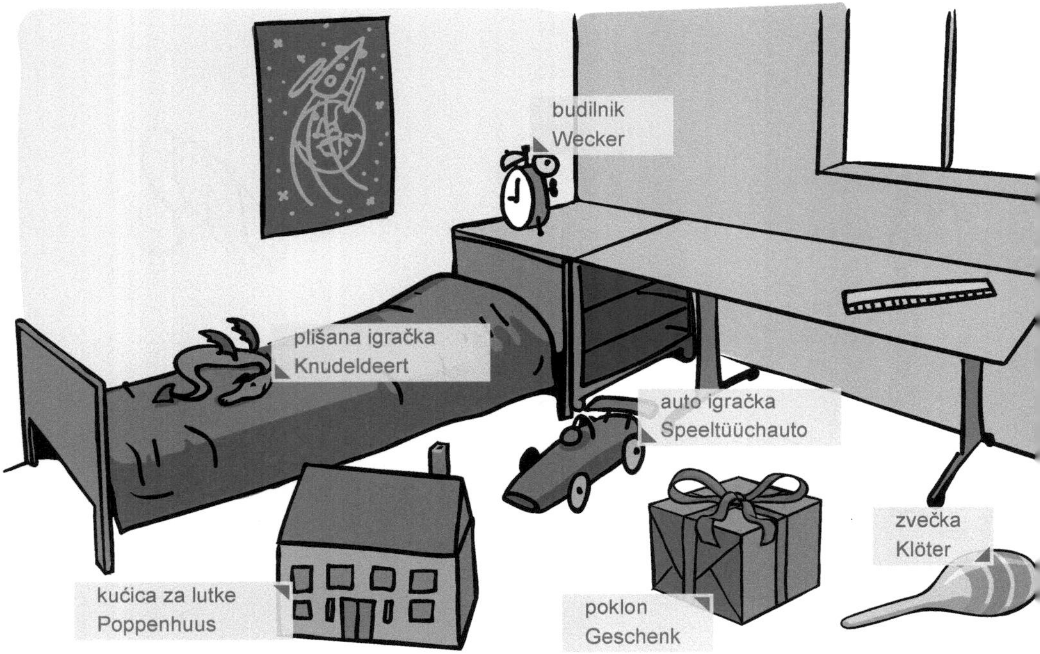

budilnik
Wecker
plišana igračka
Knudeldeert
auto igračka
Speeltüüchauto
zvečka
Klöter
kućica za lutke
Poppenhuus
poklon
Geschenk

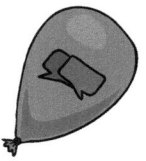

balon

Luftballon

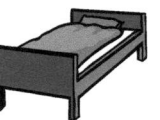

krevet

Puuch

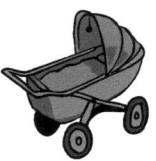

dječija kolica

Kinnerwagen

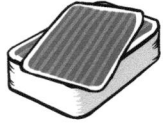

igra s kartama

Koortenspeel

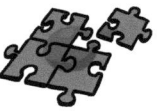

slagalica

Puzzle

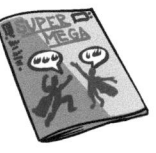

strip

Billergeschicht

lego kockice

Legostenen

kockice za slaganje

Bustenen

akcioni junak

Action-Figur

benkica za bebe

Strampelantog

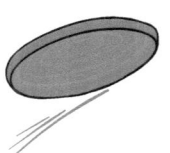
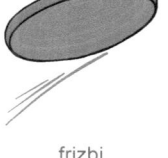

frizbi

Frisbeeschiev

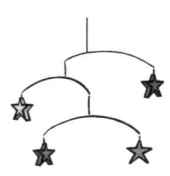

viseće igračke

Mobile

društvene igre

Brettspeel

kocka

Wörpel

minijaturna željeznica

Modelliesenbahn

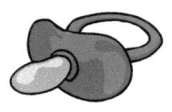

duda

Snuller

zabava

Party

slikovnica

Billerbook

lopta

Ball

lutka

Popp

igrati

spelen

pješčanik

Sandkassen

ljuljačka

Schuckel

igračka

Speeltüüch

konzola za igre

Speelkonsool

tricikl

Dreerad

tedi

Teddyboor

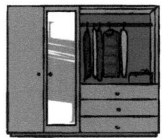

ormar

Klederschapp

kratke čarape

Socken

čarape

Strümp

hulahopke

Strumpbüx

šal
Halsdook

kaiš
Liefreem

kišobran
Paraplü

majica
T-Shirt

patike
Turnschoh

čizme
Stevel

papuče
Puuschen

sandale
Sandalen

cipele
Schoh

gumene čizme
Gummistevel

gaćice
Ünnerbüx

grudnjak
Bostholler

potkošulja
Ünnerhemd

odeća - Tüüch

45

bodi
Lief

pantalone
Büx

farmerke
Jeansnüx

suknja
Rock

bluza
Bluus

košulja
Hemd

džemper
Pullover

džemper s kapuljačom
Kapuzenpullover

sako
Blazer

jakna
Jack

kaput
Mantel

kabanica
Övertrecker

kostim
Kostüm

haljina
Kleed

venčanica
Hochtietskleed

odeća - Tüüch

odelo
Antog

spavaćica
Nachtkleed

pidžama
Slaapantog

sari
Sari

marama za glavu
Koppdook

turban
Turban

burka
Burka

kaftan
Kaftan

abaja
Abaya

kupaći kostim
Baadantog

kupaće gaćice
Baadbüx

kratke pantalone
Korte Büx

odeća za trening
Antog to'n Öven

kecelja
Schört

rukavice
Handschoh

dugme

Knopp

naočare

Brill

narukvica

Armband

ogrlica

Halskeed

prsten

Ring

naušnica

Ohrbummel

kapa

Mütz

vešalica

Klederbögel

šešir

Hoot

kravata

Binner

patent zatvarač

Rietslüter

kaciga

Helm

naramenice

Drachtband

školska uniforma

Schooluniform

uniforma

Uniform

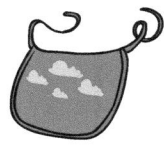

podbradak

Severböten

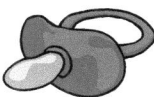

duda

Snuller

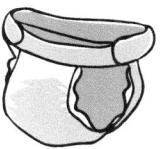

pelena

Winnel

kancelarija
Büro

server
Server
ormar za spise
Aktenschapp
štampač
Drucker
papir
Papeer
monitor
Bildschirm
pisaći stol
Schrievdisch
miš
Muus
mapa
Orner
tastatura
Knoopboord
košara za papir
Papeerkorf
stolica
Stohl
kompjuter
Computer

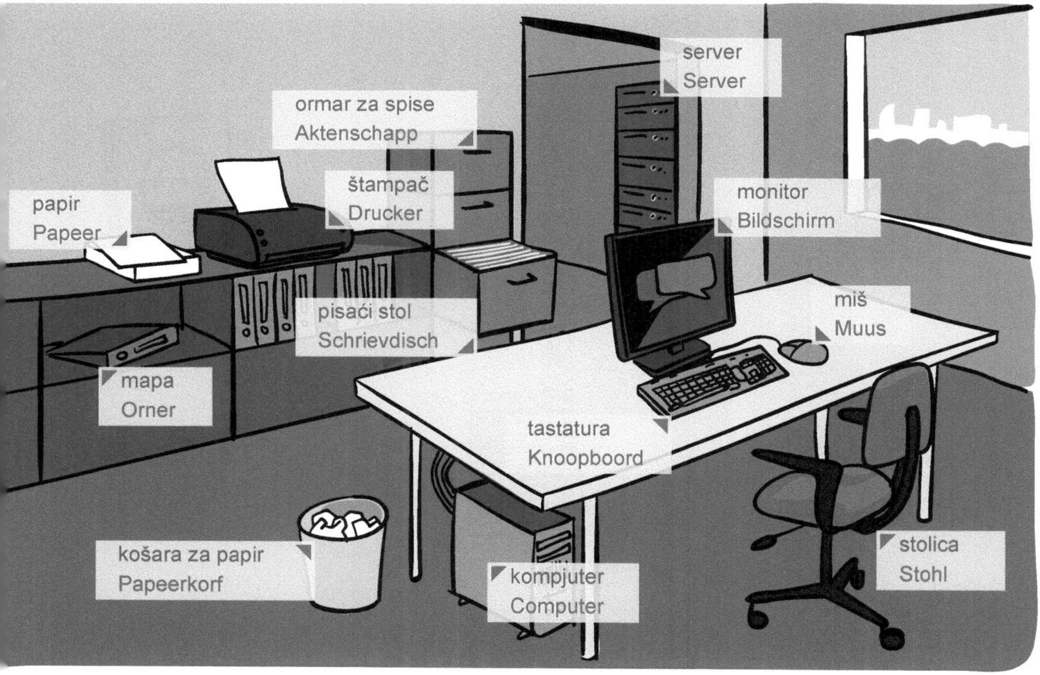

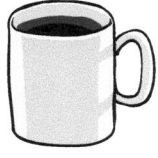

šalica za kavu

Koffiebeker

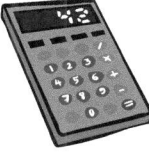

kalkulator

Taschenreekner

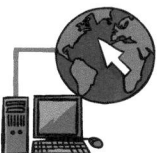

internet

Internet

laptop

Klappreekner

pismo

Breef

poruka

Naricht

mobilni telefon

Ackersnacker

mreža

Nettwark

uređaj za kopiranje

Kopeerapparat

softver

Software

telefon

Klöönkassen

utičnica

Steekdoos

faks

Faxapparat

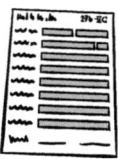

formular

Formulor

dokument

Dokument

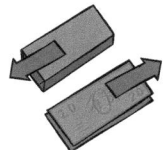

kupovati

köpen

platiti

betahlen

trgovati

hanneln

novac

Geld

dolar

Dollar

evro

Euro

jen

Yen

rublja

Ruvel

švajcarski franak

Swiezer Franken

renmindbi juan

Renminbi Yuan

rupija

Rupie

automat za novac

Geldautomat

menjačnica

Wesselstuuv

zlato

Gold

srebro

Sülver

nafta

Ööl

energija

Energie

cena

Pries

ugovor

Verdrag

porez

Stüer

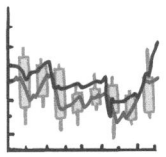

deonica

Andeelschien

raditi

arbeiden

službenik

Anstellte

poslodavac

Arbeitgever

fabrika

Fabrik

prodavnica

Hökerie

zanimanja
Profeschonen

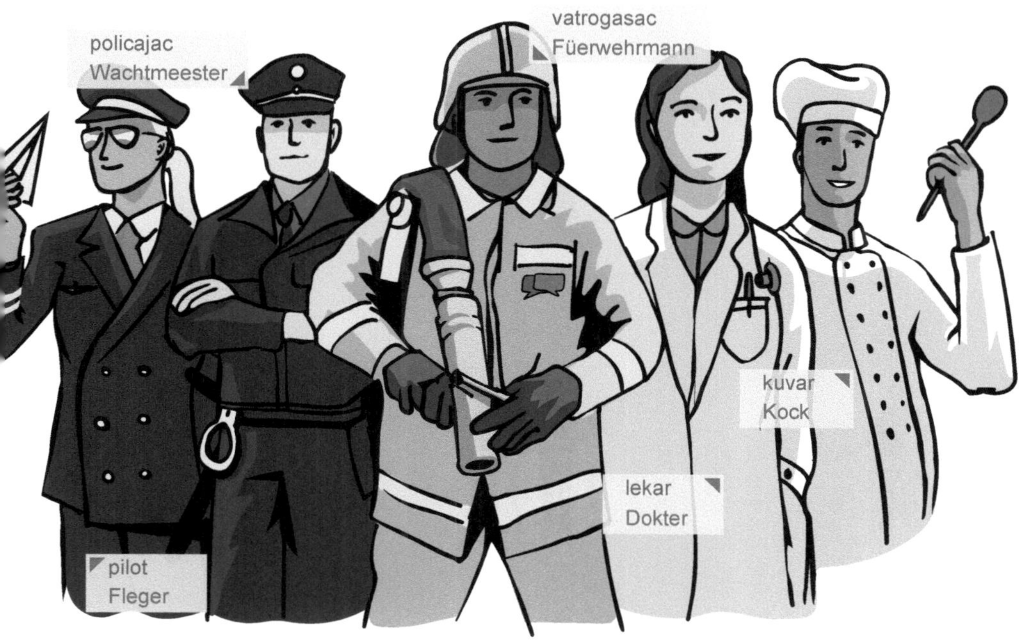

policajac
Wachtmeester
vatrogasac
Füerwehrmann
kuvar
Kock
lekar
Dokter
pilot
Fleger

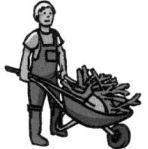

vrtlar

Goorner

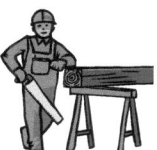

stolar

Discher

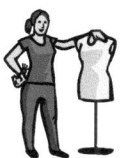

krojačica

Neihersche

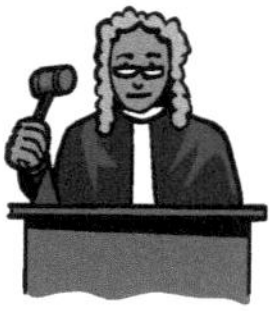

sudija

Richter

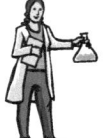

hemičar

Chemiker

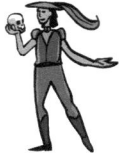

glumac

Schauspeler

vozač autobusa

Busfohrer

vozač taksija

Taxifohrer

ribar

Fischer

čistačica

Reinmaakfru

krovopokrivač

Dackdecker

konobar

Kellner

lovac

Jäger

slikar

Maler

pekar

Bäcker

električar

Elektriker

građevinski radnik

Buarbeider

inženjer

Ingenieur

mesar

Slachter

limar

Klempner

poštar

Postbüdel

vojnik
Suldat

arhitekta
Architekt

blagajnik
Kasserer

cvećar
Florist

frizer
Putzbüdel

kondukter
Schaffner

mehaničar
Mechaniker

kapetan
Kaptein

zubar
Tähndokter

naučnik
Wetenschopler

rabi
Rabbi

imam
Imam

monah
Mönk

svećenik
Paap

alati
Warktüüch

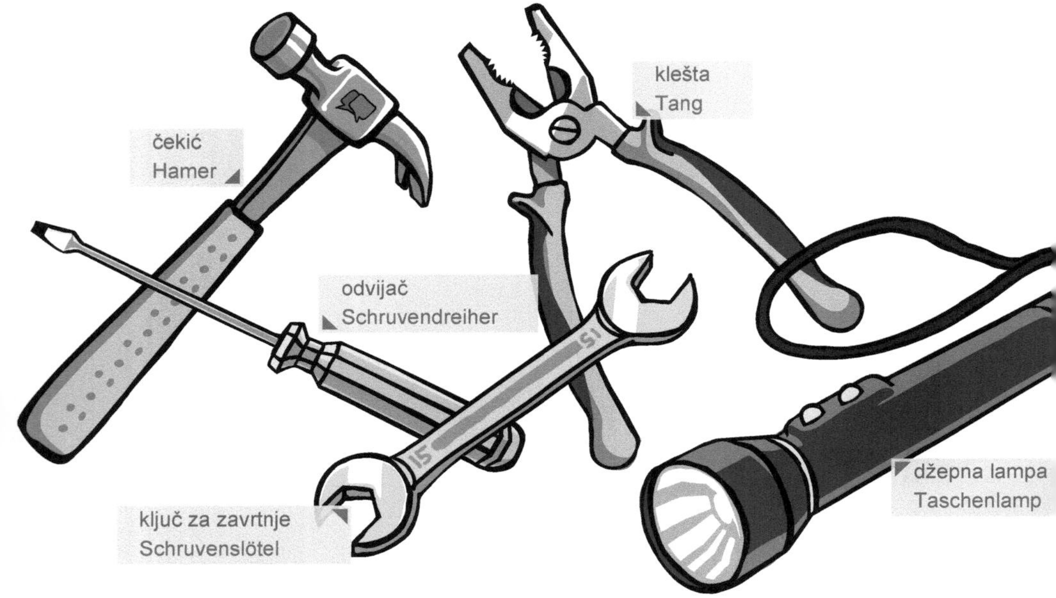
čekić
Hamer
klešta
Tang
odvijač
Schruvendreiher
ključ za zavrtnje
Schruvenslötel
džepna lampa
Taschenlamp

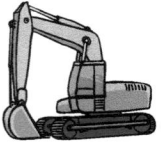

bager

Grieper

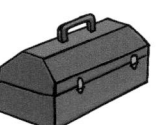

kutija za alat

Warktüüchkassen

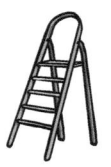

merdevine

Ledder

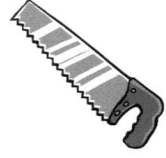

pila

Saag

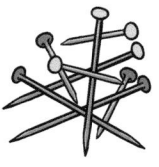

ekser

Nagels

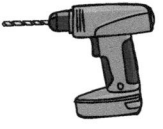

bušilica

Bohrer

popraviti

heelmaken

lopata

Schüffel

do đavola!

Schiet!

lopatica

Kehrblick

lonac za boju

Farvpott

zavrtanji

Schruven

muzički instrument
Musikinstrumenten

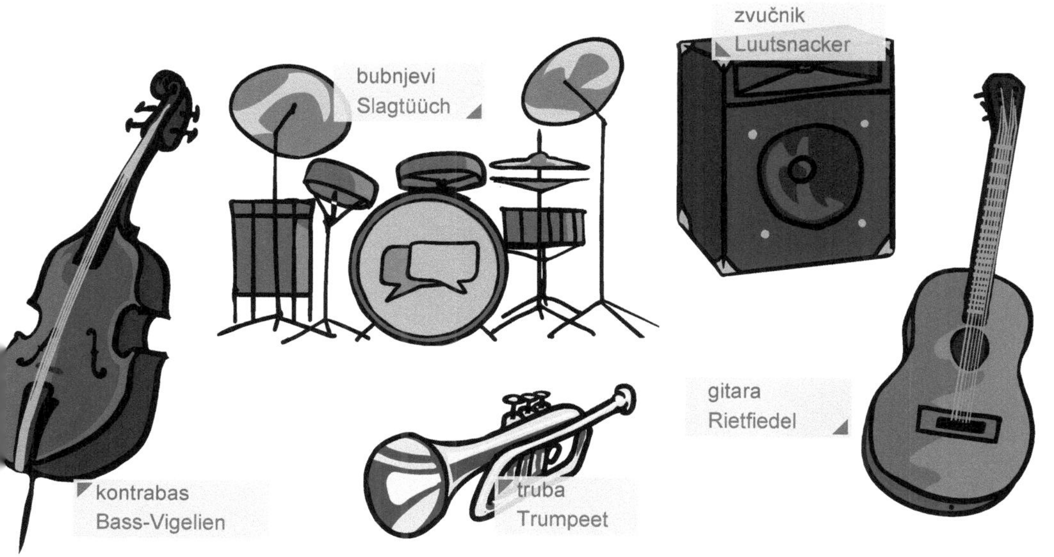

zvučnik
Luutsnacker

bubnjevi
Slagtüüch

gitara
Rietfiedel

kontrabas
Bass-Vigelien

truba
Trumpeet

klavir
Klaveer

violina
Vigelien

bas
Bass

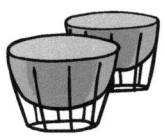

timpani
Pauk

udaraljke za bubnjeve
Trummeln

tipke klavira
Keyboard

saksofon
Saxophon

flauta
Fleut

mikrofon
Mikrofoon

muzički instrument - Musikinstrumenten

zoo

ulaz
Ingang

tigar
Tiger

kavez
Käfig

zebra
Zebra

hrana za životinje
Deertenfoder

panda
Panda-Boor

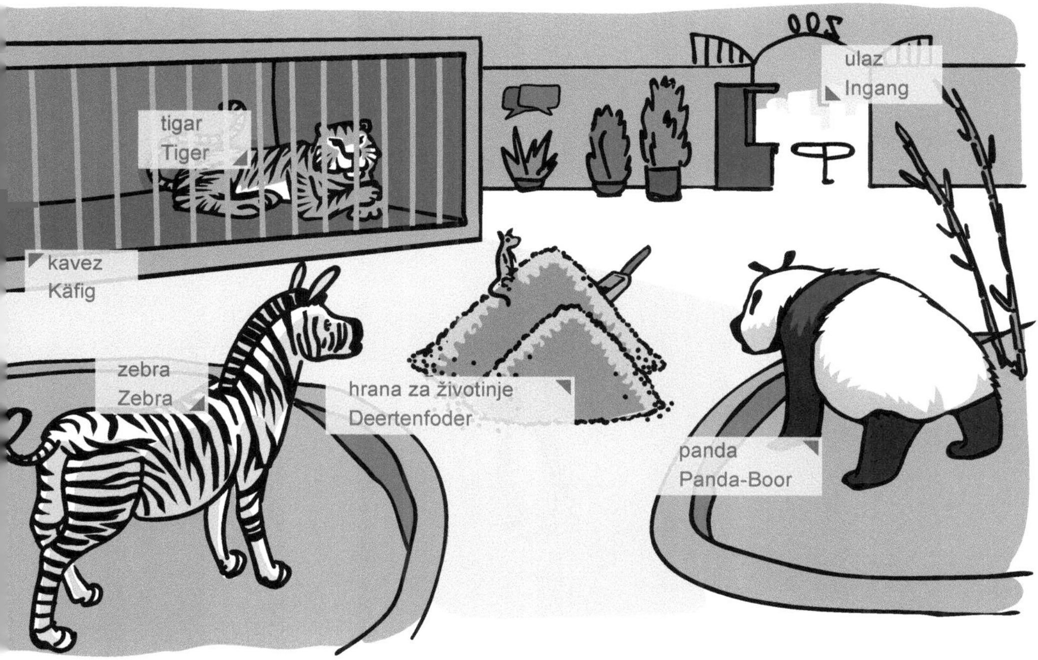

životinje
Deerten

slon
Elefant

kengur
Känguru

nosorog
Neeshoorn

gorila
Gorilla

medved
Boor

kamila

Kameel

noj

Struuß

lav

Lööv

majmun

Aap

flamingo

Flamingo

papagaj

Papagoi

polarni medved

lesboor

pingvin

Pinguin

ajkula

Haifisch

paun

Pageluun

zmija

Slang

krokodil

Krokodil

čuvar u zoološkom vrtu

Oppasser in'n Deertenpark

tuljan

Saalhund

jaguar

Jaguor

poni
Pony

leopard
Leopard

nilski konj
Nilpeerd

žirafa
Giraff

orao
Aadler

divlja svinja
Wildswien

riba
Fisch

kornjača
Schildkrööt

morž
Walross

lisica
Voss

gazela
Gazell

sport
Sport

americki nogomet
Amerikaansch Football

biciklizam
Radfohren

tenis
Tennis

košarka
Korfball

plivanje
Swümmen

boks
Boxen

hokej na ledu
leshockey

fudbal
Football

badminton
Fedderball

atletika
Leichtathletik

rukomet
Handball

skijanje
Skilopen

polo
Polo

aktivnosti
Aktivitäten

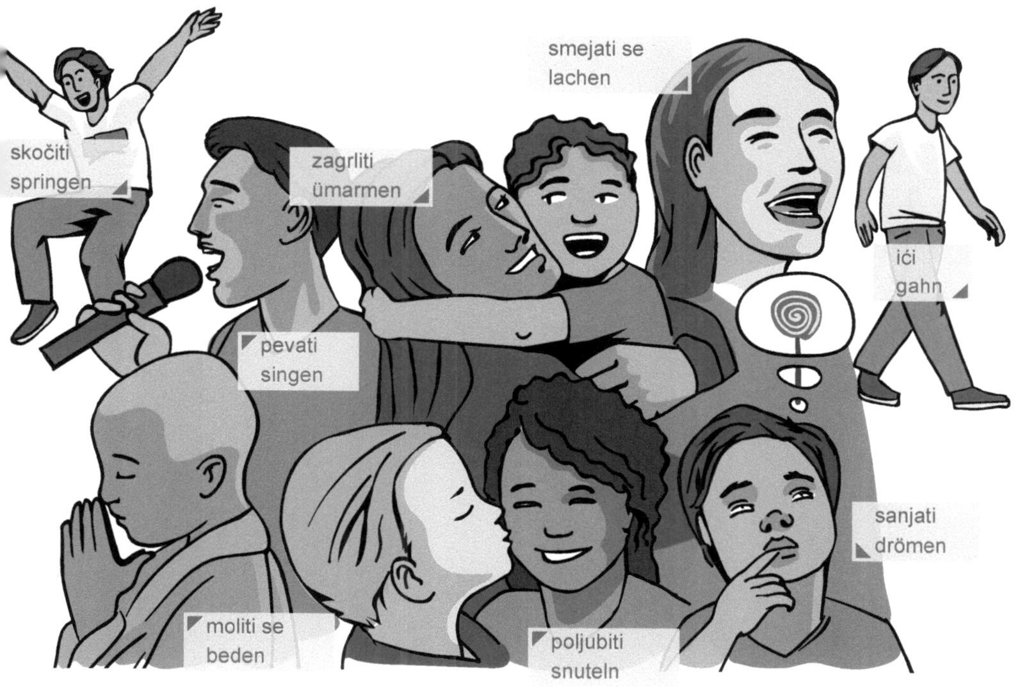

skočiti
springen
zagrliti
ümarmen
smejati se
lachen
ići
gahn
pevati
singen
sanjati
drömen
moliti se
beden
poljubiti
snuteln

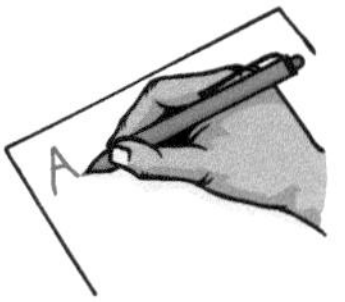

pisati

schrieven

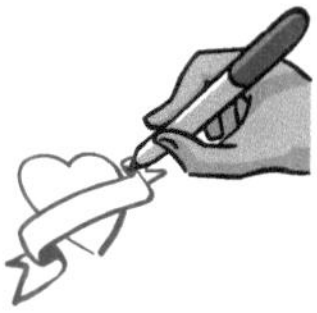

crtati

teken

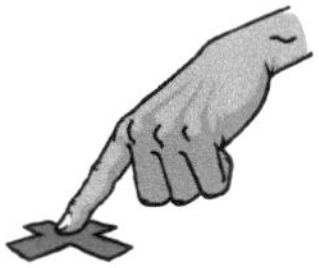

pokazati

wiesen

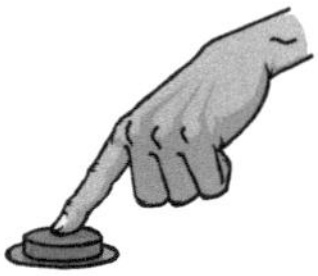

gurati

drücken

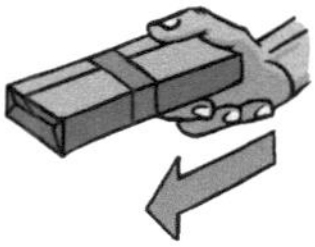

dati

geven

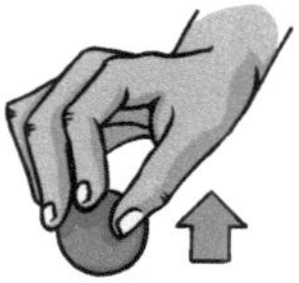

uzeti

nehmen

imati

hebben

činiti

doon

biti

sien

stojati

stahn

trčati

lopen

povlačiti

trecken

baciti

smieten

padati

fallen

ležati

liggen

čekati

töven

nositi

dregen

sediti

sitten

oblačiti

antrecken

spavati

slapen

probuditi se

opwaken

gledati
ankieken

plakati
wenen

milovati
eien

češljati
kämmen

govoriti
snacken

razumeti
verstahn

pitati
fragen

slušati
hören

piti
drinken

jesti
eten

pospremiti
oprümen

voleti
leefhebben

kuhati
kaken

voziti
fohren

leteti
flegen

aktivnosti - Aktivitäten

ploviti

segeln

računati

reken

čitati

lesen

učiti

lehren

raditi

arbeiden

venčati se

de Plünnen tohoopsmieten

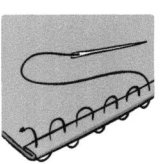

šiti

neihen

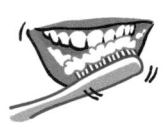

prati zube

Tähnen putzen

ubiti

dootmaken

pušiti

smöken

poslati

schicken

baka
Grootmoder

beba
Winnelkind

deda
Grootvadder

otac
Vadder

majka
Moder

kćerka
Dochter

sin
Söhn

gost
Gast

tetka
Tant

ujak, stric
Unkel

brat
Broder

sestra
Süster

telo

Lief

čelo
Vörkopp
oko
Oog
rame
Schuller
prst
Finger
lice
Gesicht
brada
Kinn
ruka
Hand
noga
Been
grudi
Bost
ruka
Arm

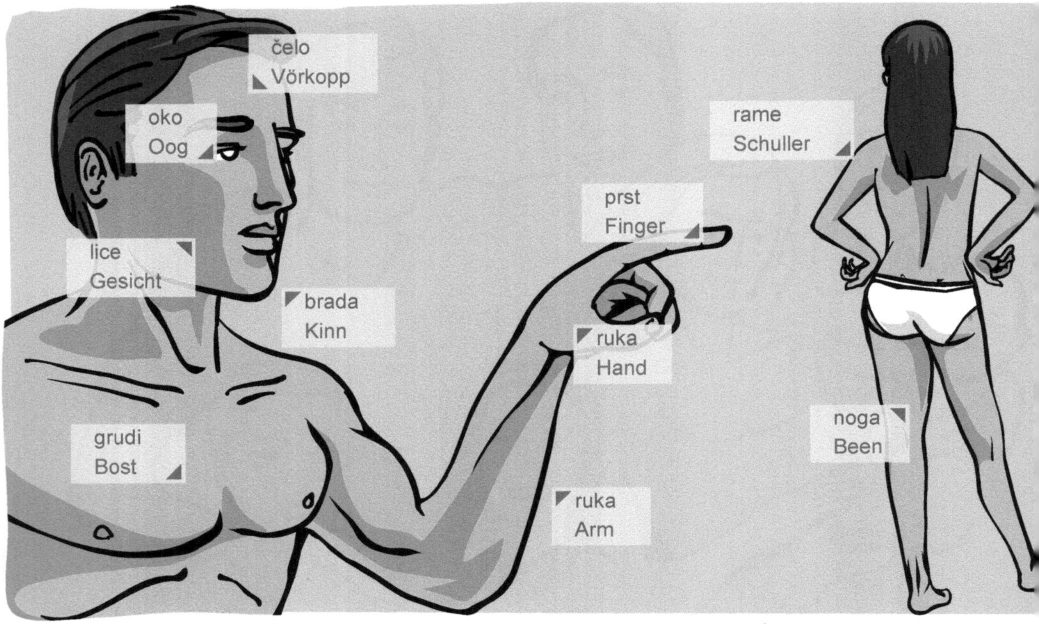

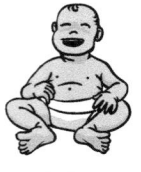

beba

Winnelkind

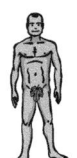

muškarac

Mann

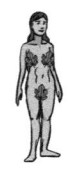

žena

Fro

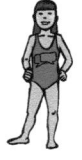

devojčica

Deern

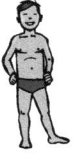

dečak

Jung

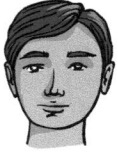

glava

Arm

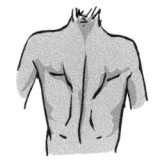

leđa

Rüch

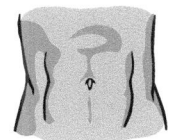

stomak

Buuk

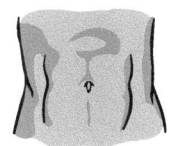

pupak

Navel

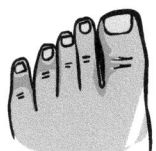

nožni prst

Teh

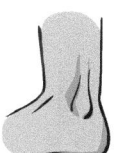

peta

Hack

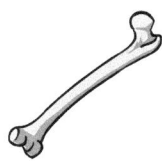

kost

Knaken

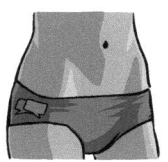

kukovi

Hüft

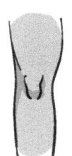

koleno

Knee

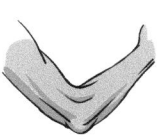

lakat

Ellbagen

nos

Nees

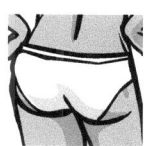

zadnjica

Achtersen

koža

Huut

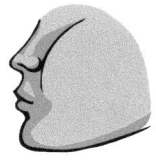

obraz

Back

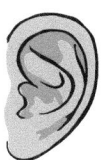

uvo

Ohr

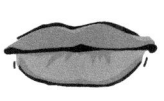

usna

Lipp

telo - Lief

usta

Mund

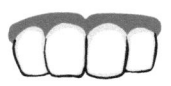

zub

Tähn

jezik

Tung

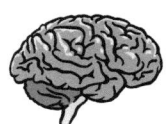

mozak

Bregen

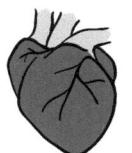

srce

Hart

mišić

Muskel

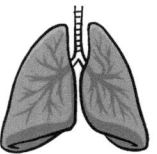

pluća

Lung

jetra

Lever

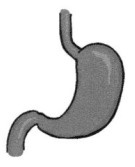

želudac

Maag

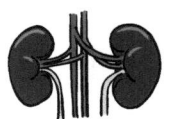

bubrezi

Neren

polni odnos

Bislaap

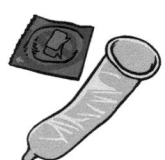

kondom

Kondoom

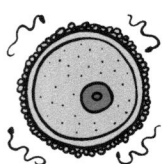

jajna ćelija

Eizell

sperma

Sperma

trudnoća

Anner Ümstänn

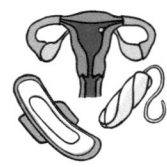

menstruacija
....
Menstruatschoon

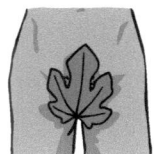

vagina
....
Scheed

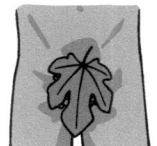

penis
....
Pint

obrva
....
Ogenbroe

kosa
....
Hoor

vrat
....
Hals

bolnica
Krankenhuus

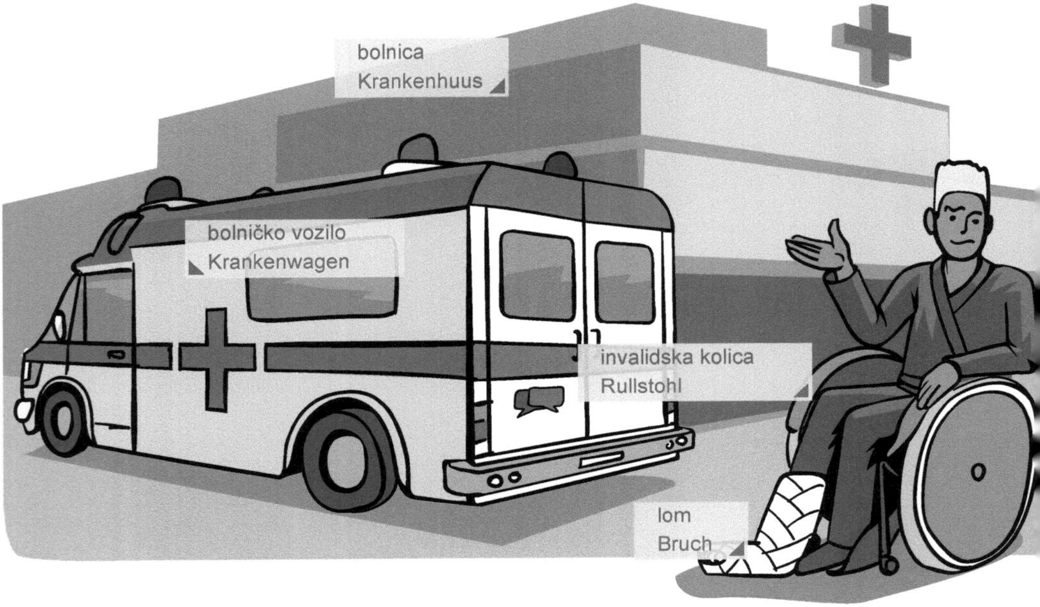

bolnica
Krankenhuus
bolničko vozilo
Krankenwagen
invalidska kolica
Rullstohl
lom
Bruch

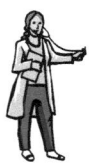

lekar

Dokter

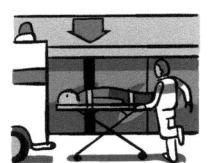

hitna medicinska služba

Nootopnahm

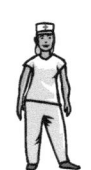

medicinska sestra

Krankensüster

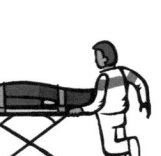

hitni slučaj

Nootfall

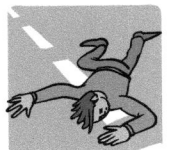

nesvest

ahnmächtig

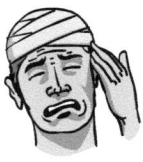

bol

Wehdaag

povreda

Verwunnen

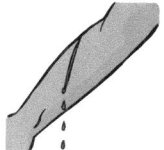

krvarenje

Blöden

srčani udar

Hartinfarkt

udar

Slaganfall

alergija

Allergie

kašalj

Hoosten

groznica

Fever

gripa

Gripp

proliv

Dörchfall

glavobolja

Koppwehdaag

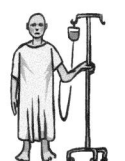

rak

Kreeft

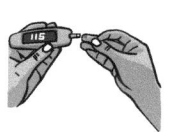

dijabetes

Zuckersüük

hirurg

Chirurg

skalpel

Chirurgsch Mess

operacija

Operatschoon

bolnica - Krankenhuus

73

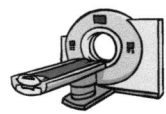

ct
CT

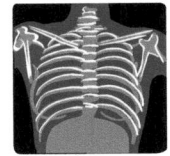

rentgen
Dörchlüchten

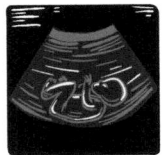

ultrazvuk
Ultraschall

maska
Mask

bolest
Krankheit

čekaona
Töövruum

štaka
Krück

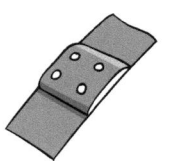

flaster
Plaaster

zavoj
Verband

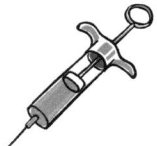

injekcija
Insprütten

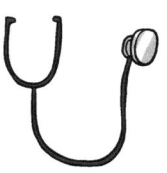

stetoskop
Stethoskop

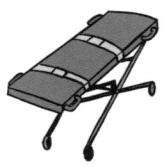

nosila
Draag

termometar
Feverthermometer

rođenje
Geboort

prekomerna težina
Övergewicht

bolnica - Krankenhuus

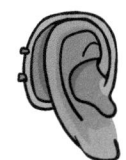

slušni aparat

Höörapparat

sredstvo za dezinfekciju

Kiemfriemiddel

infekcija

Ansteken

virus

Virus

HIV / AIDS

HIV / AIDS

medicina

Heelmiddel

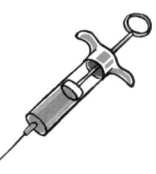

vakcinacija

Impen

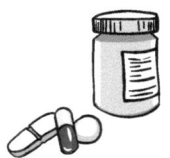

tablete

Tabletten

pilula

Pill

hitni poziv

Nootroop

uređaj za merenje pritiska

Blootdruck-Meter

bolesno / zdravo

krank / gesund

pomoć!

Hölp!

alarm

Alarm

nasrtaj

Överfall

napad

Angreep

opasnost

Gefohr

izlaz u slučaju nužde

Nootutgang

požar!

Füer!

protivpožarni aparat

Füerlöscher

nezgoda

Unfall

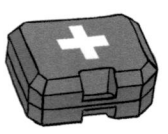

kutija prve pomoći

Noothölpkoffer

sos

SOS

policija

Polizei

Evropa

Europa

Severna Amerika

Noordamerika

Južna Amerika

Süüdamerika

Afrika

Afrika

Azija

Asien

Australija

Australien

Atlantik

Atlantik

Pacifik

Pazifik

Indijski okean

Indisch Weltmeer

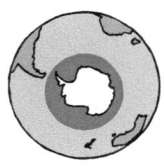

Antarktički okean

Antarktisch Weltmeer

Arktički ocean

Arktisch Weltmeer

Severni pol

Noordpol

Južni pol
Süüdpol

Antarktik
Antarktis

zemlja
Eerd

zemlja
Land

more
See

otok
Eiland

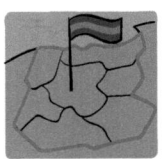

nacija
Natschoon

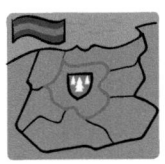

država
Staat

brojčanik sata

Tallenblatt

satna kazaljka

Stunnenwieser

minutna kazaljka

Minutenwieser

sekundna kazaljka

Sekunnenwieser

Koliko je sati?

Wo laat is dat?

dan

Dag

vreme

Tiet

sada

nu

digitalni sat

digetaalsch Klock

minuta

Minuut

čas

Stunn

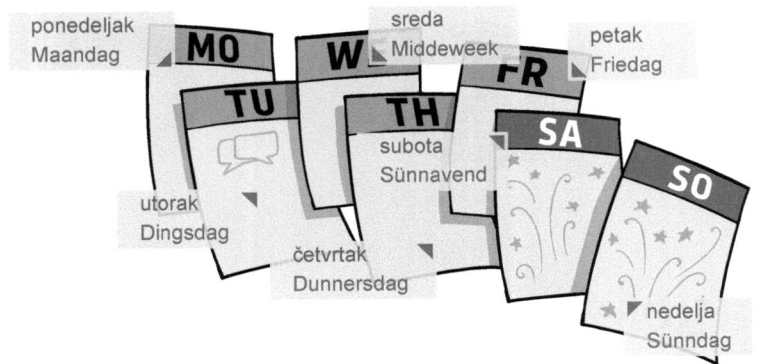

ponedeljak
Maandag

utorak
Dingsdag

sreda
Middeweek

četvrtak
Dunnersdag

subota
Sünnavend

petak
Friedag

nedelja
Sünndag

juče
....
güstern

danas
....
hüüt

sutra
....
morgen

jutro
....
Morgen

podne
....
Meddag

veče
....
Avend

radni dani
....
Arbeitsdaag

vikend
....
Wekenenn

godina
Johr

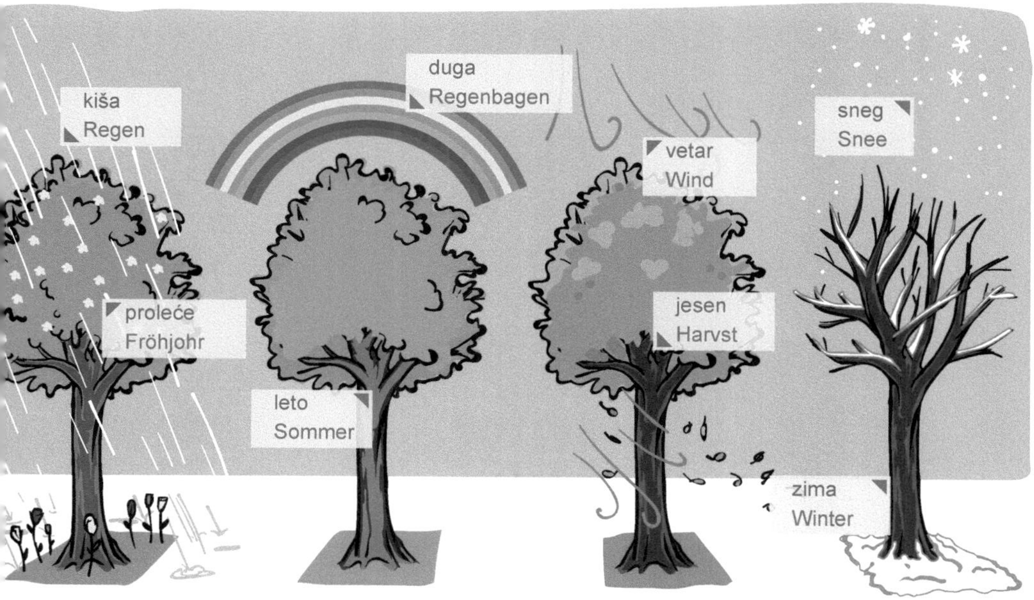

kiša
Regen
duga
Regenbagen
vetar
Wind
sneg
Snee
proleće
Fröhjohr
leto
Sommer
jesen
Harvst
zima
Winter

4.APRIL 11°
5.APRIL 4°
6.APRIL 13°
7.APRIL 8°
8.APRIL 10°

ıeteorološka prognoza

Wedervörhersaag

F C
120 40
90 30
60 20
30 10
0 0
-30 -10
-20

termometar

Thermometer

sunčana svetlost

Sünnenschien

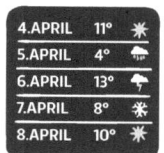

oblak

Wulk

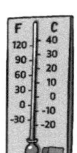

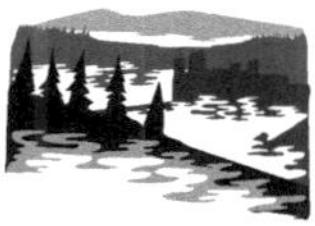

magla

Nevel

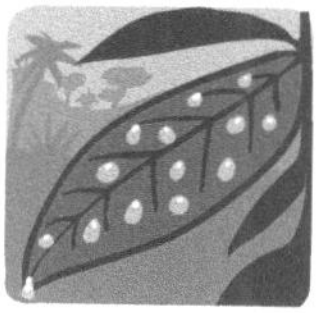

vlažnost vazduha

Luftfuchtigkeit

munja
Blitz

grmljavina
Dunner

oluja
Storm

tuča
Hagel

monsun
Monsun

poplava
Floot

led
les

januar
Januormaand

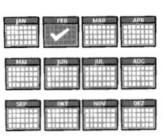

februar
Februormaand

mart
Martmaand

april
Aprilmaand

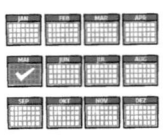

maj
Maimaand

juni
Junimaand

juli
Julimaand

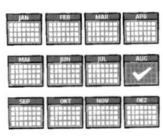

avgust
Augustmaand

septembar

Septembermaand

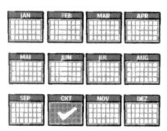

oktobar

Oktobermaand

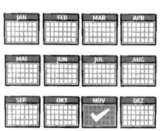

novembar

Novembermaand

decembar

Dezembermaand

oblici
Formen

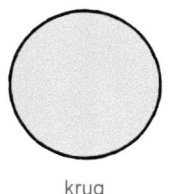

krug

Krink

kvadrat

Quadrat

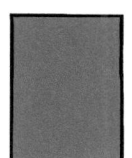

pravougao

Rechteck

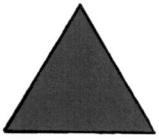

trougao

Dreeeck

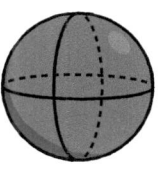

kugla

Kugel

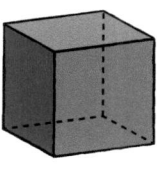

kocka

Wörpel

bela
....
witt

žuta
....
geel

narandžasta
....
orangsch

ružičasta
....
pink

crvena
....
root

ljubičasta
....
lila

plava
....
blau

zelena
....
gröön

smeđa
....
bruun

siva
....
gries

crna
....
swart

mnogo / malo
veel / wenig

ljutito / mirno
böös / verdreeglich

lepo / ružno
smuck / mies

početak / kraj
Begünn / Enn

veliko / maleno
groot / lütt

svetlo / tamno
hell / düüster

brat / sestra
Broder / Süster

čisto / prljavo
schier / schietig

potpuno / nepotpuno
kumpleet / nich kumpleet

dan / noć
Dag / Nacht

mrtvo / živo
doot / lebennig

široko / usko
breet / small

jestivo / nejestivo

geneetbor / nich geneetbor

zlo / dobro

böös / fründlich

uzbuđeno / dosadno

fickerig / langwielt

debelo / mršavo

dick / dünn

na početku / na kraju

toeerst / toletzt

prijatelj / neprijatelj

Fründ / Fiend

puno / prazno

vull / leddig

tvrdo / mekano

hart / week

teško / lagano

swoor / licht

glad / žeđ

Smacht / Döst

bolesno / zdravo

krank / gesund

ilegalno / legalno

nich na't Recht / na't Recht

pametno / glupo

klook / dummerhaftig

levo / desno

linkerhand / rechterhand

blizu / daleko

neeg / feern

novo / polovno
....
nieg / bruukt

ništa / nešto
....
nix / wat

staro / mlado
....
oolt / jung

uključeno / isključeno
....
an / ut

otvoreno / zatvoreno
....
apen / slaten

tiho / glasno
....
lies / luut

bogato / siromašno
....
riek / arm

tačno / pogrešno
....
richtig / verkehrt

hrapavo / glatko
....
ruug / glatt

tužno / sretno
....
trurig / glücklich

kratko / dugo
....
kort / lang

polako / brzo
....
suutje / flink

mokro / suho
....
natt / dröög

toplo / hladno
....
warm / köhl

rat / mir
....
Krieg / Freden

0

nula
....
null

1

jedan
....
een

2

dva
....
twee

3

tri
....
dree

4

četiri
....
veer

5

pet
....
fief

6

šest
....
söss

7

sedam
....
söven

8

osam
....
acht

9

devet
....
negen

10

deset
....
teihn

11

jedanaest
....
ölven

12

dvanaest
twölf

13

trinaest
dörteihn

14

četrnaest
veerteihn

15

petnaest
föffteihn

16

šestnaest
sössteihn

17

sedamnaest
söventeihn

18

osamnaest
achtteihn

19

devetnaest
negenteihn

20

dvadeset
twintig

100

stotinu
hunnert

1.000

hiljadu
dusend

1.000.000

milion
million

engleski

Engelsch

američki engleski

Amerikaansch Engelsch

mandarinski kineski

Chineesch Mandarin

hindski

Hindi

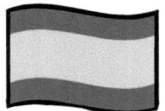

španski

Spaansch

francuski

Franzöösch

arapski

Araabsch

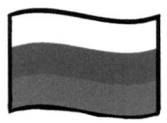

ruski

Rusch

portugalski

Portugiesch

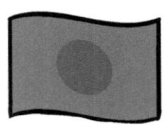

bengalski

Bengaalsch

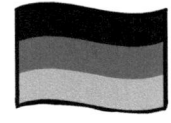

nemački

Düütsch

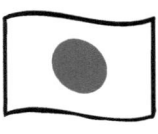

japanski

Japaansch

ja

ik

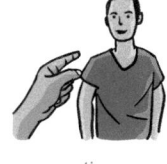

ti

du

on / ona / ono

he / se / dat

mi

wi

vi

ji

oni

se

Ko?

keen?

Šta?

wat?

Kako?

woans?

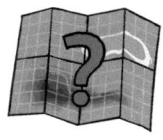

Gde?

woneem?

Kada?

wannehr?

ime

Naam

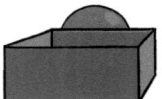

iza

achter

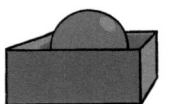

u

in

ispred

vör

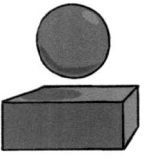

preko

över

na

op

ispod

ünner

pored

blangen

između

twüschen

mesto

Oort